ÉTUDE

SUR LE

COMBAT DE DENAIN

PAR

H. LEROY.

——~~~~——

Société d'Agriculture, Sciences & Arts de Douai.

Séance publique du 17 novembre 1878.

DOUAI

LIBRAIRIE LUCIEN CRÉPIN

23, RUE DE LA MADELEINE, 23.

—

1879

ETUDE

SUR LE

COMBAT DE DENAIN

(1712)

Par M. le conseiller LEROY,

Les plaines de Flandre ont souvent servi de théâtre aux luttes qui décident pour un temps des destinées des nations. Un simple regard jeté sur la carte de nos régions nous montre qu'elle est comme émaillée de noms historiques, les uns glorieux, les autres pénibles. Quels qu'ils soient, ces souvenirs excitent notre légitime curiosité, provoquent nos recherches, captivent notre intérêt. Je viens vous demander la permission d'arrêter quelques instants votre attention sur l'un de ces noms, l'un des plus connus peut-être celui de Denain. Je crains de ne vous apporter rien de bien nouveau. Mais il me semble qu'il en est de Denain, comme de ces choses connues, que l'on aime à s'entendre rappeler de temps en temps.

Reportons-nous à l'an 1712. La France avait subi de grands revers ; depuis quelques années surtout, nos provinces du Nord avaient cruellement souffert. Après la sanglante bataille de Malplaquet, après le terrible hiver de

1709, après les sièges de Lille, de Douai, de Béthune, de Bouchain, avec l'occupation presque permanente du pays par des armées considérables, que pouvait-il rester dans nos campagnes dévastées ? La détresse était extrême. L'année 1712, malgré le soulagement apporté par les pourparlers avec l'Angleterre, avait assez mal commencé : Le Quesnoy s'était rendu après quelques jours de siége seulement, et son gouverneur, laissé en liberté sur parole par le vainqueur, avait été envoyé à la Bastille.

C'est dans ces tristes conjonctures que, par un succès inespéré, les choses changent tout à coup de face, et, au lieu d'implorer la paix dont elle avait tant besoin, la France se voit en état de l'imposer.

Avant de vous dire par quel enchaînement de succès, ce grand résultat fut obtenu, laissez-moi vous rappeler la configuration générale du pays , où se placent les scènes militaires auxquelles nous allons assister.

Ce pays est à nos portes, et la plupart d'entre vous le connaissent parfaitement.

Vous savez que l'Escaut, qui prend sa source au-dessus de Cambrai , coule d'abord dans la direction du Nord, jusqu'à Bouchain ; puis il s'infléchit brusquement vers l'Est et arrose les vallées de Neuville, Lourches, Denain, Prouvy, avant de remonter sur Valenciennes. Dans cette partie convexe de son cours, il reçoit deux affluents, la Selle, à Denain, l'Ecaillon, un peu plus bas, en face de Thiant. Ces deux rivières, partant, l'une des environs du Cateau, l'autre de la forêt de Mormal, dessinent deux lignes presque parallèles courant vers le Nord-Ouest.

Une des places de l'Escaut, Bouchain, était au pouvoir des alliés ; Valenciennes et Cambrai n'avaient pas été conquis.

Après s'être emparé du Quesnoy, le prince Eugène venait de mettre le siége devant Landrecies; son but était de marcher ensuite sur Guise, dont la vieille tour assise au bord des prairies de l'Oise ne pouvait lui opposer un obstacle sérieux; par là, il se proposait de pénétrer dans le Soissonnais et la Champagne (1). Toutefois, avec sa haute expérience, il ne s'était pas fait illusion sur les inconvénients qu'il y avait pour lui à s'écarter de plus en plus de sa base d'opérations. Son principal dépôt était à Marchiennes ; les approvisionnements, les munitions, venant du Nord, remontaient l'Escaut, puis la Scarpe, en contournant les places de Valenciennes et Condé. De Marchiennes à Denain, deux longues levées de terre formaient une sorte de chemin couvert que les alliés avaient appelé par dérision « le grand chemin de Paris ». Les transports se faisaient par cette voie jusqu'au camp retranché établi à Denain sur la rive gauche de l'Escaut, avec tête de pont de l'autre côté. Lors de son attaque sur Landrecies, Eugene avait eu la pensée de faire transférer ses dépôts au Quesnoy qu'il venait de prendre (2). Mais il eut alors à compter avec l'économie hollandaise. « Les députés des Etats généraux lui représentèrent que 400 chariots, qui étaient à Marchiennes, suffisaient à peine pour voiturer à l'armée la subsistance et les munitions nécessaires; que pour transporter au Quesnoy le dépôt de Marchiennes, il faudrait le triple de voitures, ce qui coûterait plus de 400,000 florins de Hollande, outre la perte de la douane de l'armée qui pro‑

(1) Rousset — *Histoire du prince Eugène* — tome 3, page 299 — à la Bibliothèque de la ville de Douai.

(2) *Souvenirs de la Flandre wallonne,* tome XV.—Correspondance de M. Le Febvre d'Orval avec Mrs de Chamillart et Voisin, publiée par M. A. Preux, page 49.

duisait, à Marchiennes, de quoi payer les troupes hollandaises.... la perte, encore de toutes les bellandres, qui devraient retourner en Hollande, au grand détriment des principaux marchands de la République ». Ces raisons, qui n'avaient rien de stratégique, l'emportèrent pour le plus grand bonheur de notre pays, et Eugène dut se contenter de prolonger jusqu'à Thiant, c'est-à-dire jusqu'à l'Ecaillon, les retranchements de la tête du pont de Denain.

Sans être aucunement versé dans la stratégie, il est aisé de comprendre les grands résultats que l'on pouvait espérer en s'emparant des postes de Marchiennes et de Denain ; non-seulement on enlevait à l'ennemi ses approvisionnements, mais on coupait ses lignes de communication, en l'obligeant à la retraite. C'était là une conception fort simple et il est présumable qu'elle s'est présentée alors à plus d'un esprit. Les dépêches militaires du cabinet de Versailles y reviennent à diverses reprises (1).

Mais si le plan d'une attaque sur Denain était facile à imaginer, l'exécution, au contraire était, grosse de difficultés. La proximité de l'armée ennemie constituait un sérieux danger : si le mouvement des troupes françaises n'échappait pas à sa vigilance, on risquait de l'avoir bien vite toute entière sur les bras, et on courait ainsi au devant du péril d'une action décisive livrée dans des conditions peu avantageuses. Aussi Villars avait-il dû écarter plus d'une fois les projets qu'on lui envoyait de Versailles.

Mais l'occasion devait s'offrir enfin de justifier les prévisions du Maréchal lorsqu'il disait, pour se consoler peut-être de la circonspection à laquelle l'avaient condamné nos longs malheurs, que la témérité du prince Eugène le conduirait un jour à quelque faute.

(1) *Mémoires militaires sur la guerre de la succession d'Espagne*, tome XI—(1712)—pages 47, 48, 57, 68, 71.

Ce dernier poursuivait le siége de Landrecies et avai étendu ses troupes le long de l'Ecaillon; son extrême droite campait à Quérénaing à environ 2 à 3 lieues par la route d'alors de Denain. L'armée française, sur les instances pressantes du roi qui voulait secourir à tout prix Landrecies, venait de quitter les environs de Cambrai, pour s'approcher par le Câteau des positions ennemies. L'entreprise était grave : il fallait passer la Sambre et emporter les lignes fortifiées des alliés, établies pour couvrir le siége.

Sur ces entrefaites préoccupé, lui-même de l'imminence d'une attaque (1), Eugène crut devoir concentrer davantage ses forces, et ramena son aile droite à Bermerain, à environ une lieue plus près de Landrecies. Ce mouvement devait lui être fatal. Villars saisit l'occasion et plutôt que de risquer la bataille, déterminé, parait-il, par Montesquiou, il se décida à marcher tout à coup sur Denain. Pour réussir, il fallait dérober assez longtemps la marche à l'ennemi, pour que celui-ci ne pût accourir, parallèlement à l'armée française. C'est ici qu'apparaît l'expérience consommée du Maréchal.

Le secret le plus absolu fut gardé et Villars n'eut d'autres confident que Montesquiou et 2 ou 3 chefs de corps (2).

Pendant toute la journée du 23 juillet, toutes les démonstrations tendirent à faire croire à l'ennemi, que les lignes de Landrecies allaient être attaquées. On jeta des ponts sur la

(1) Carte du combat de Denain, annexée aux mémoires militaires, tome XI. Légende.—Lettre C.—Campement des alliés, commençant à Bermerain, occupé le 20, abandonné le 21.

Les alliés reprennent le 21 leur retranchement A, l'abandonnent de nouveau dans la soirée du 22, pour se rapprocher de Landrecies.

(2) *Collection* Petitot. Mémoires de Villars, rédigés par Anquetil, au tome 3, page 371.

Sambre, on prépara des fascines, un corps de cavalerie fut même envoyé au-delà de la rivière. (1).

Mais à la nuit tombante, 30 bataillons reçurent l'ordre de descendre la rive gauche de la Selle. Des patrouilles de cavalerie fouillèrent les abords et les passages de ce cours d'eau, pour empêcher toute communication avec la droite, et arrêter les donneurs d'avis, espions ou simples indiscrets (2). A la nuit close, tous les corps s'ébranlèrent pour suivre cette avant-garde. Les soldats murmuraient, se croyant déçus dans leur attente d'une bataille décisive, et s'imaginant que ce mouvement, qui les éloignait de l'armée ennemie, était un mouvement de retraite. « Cette marche » n'était du goût de personne, écrivait peu après Montes- » quiou au ministre Voysin, — je voyais toute l'armée » prête à tomber sur moi, et je vous assure qu'il faut être » hardi pour se charger de paquets de cette impor- » tance » (3).

Les nuits sont courtes, à la fin de juillet. Au point du jour, M. de Vieux-Pont manda au général en chef qu'il ne pouvait arriver sur l'Escaut que vers huit heures du matin. Villars en conçut un certain trouble ; il craignait que la découverte, facile à cette heure, de sa marche improvisée, ne fît avorter l'entreprise. Ce fut Montesquiou, si l'on en croit au moins ce dernier, qui le décida à ne pas arrêter les co-

(1) Rousset, tome 2, 2ᵉ partie, page 321 : « Ce bruit (attaque des Fran- » çais sur la ligne de circonvallation) se répandit avec tant de circonstances » probables, appuyées sur les mouvements de l'armée ennemie, que le » prince Eugène donna dans le panneau... » ... Il fit serrer la grande armée vers la gauche...

(2) Recueil de lettres et mémoires, « contenant une relation exacte et » circonstanciée de l'action passée à Denain.... » La Haye, 1713. — (Bibliothèque de la ville de Douai) — no 15. Lettre de M. de Cronstrom à un général des Alliez, en date du 21 octobre 1712.

(3) *Mémoires militaires*, loc. cit. page 507. — Lettre de Montesquiou à Voysin, en date du 29 juillet 1712.

lonnes, en lui faisant observer que l'ennemi, pour secourir
Denain, devait passer par les hauteurs de Quérénaing, sur
lesquelles on n'apercevait encore aucunes troupes, de l'autre
côté de la Selle (1).

Rien ne vint contrarier en effet le passage de l'Escaut.
Trois ponts furent jetés près du village de Neuville. Des
escadrons les franchirent rapidement, et s'élancèrent dans
la plaine, où il surprirent quelques cavaliers ennemis, les-
quels ne s'attendaient à rien moins qu'à l'irruption d'un
corps d'armée. Tout heureux de ce début, Villars, après
s'être fait attacher un *buffle* (ou cuirasse en buffle), seule
arme défensive dont il usait quelquefois, s'engagea sur un des
ponts, puis dans un marais assez fâcheux, d'où il eut quelque
peine à se dépétrer quoique monté sur un très-grand cheval (2).
Ne voyant pas encore, jusque-là, arriver l'armée ennemie,
il se demanda un instant si le prince Eugène n'avait pas
pris le parti de tomber sur son arrière-garde, et donna
l'ordre aux troupes qui s'avançaient successivement vers
l'Escaut, de marcher non en colonnes, mais en bataille, et
de se couvrir des anciennes lignes que les alliés avaient
faites autour de Bouchain.

Mais l'armée d'Eugène était encore loin. Ce fut seulement
vers 7 heures du matin, que ce général fut averti du mouvement de flanc des Français, et put se rendre compte du
danger qui menaçait Denain. Ses premiers ordres donnés,
il accourut ventre à terre avec quelques officiers. Mais sa
seule présence ne pouvait suffire à tout (3).

(1) *Mémoires militaires,* loc. cit. page 540.

(2) Mémoires de Villars, t. 2, page 374.

(3) Roussot, loc. cit. page 321.

La surprise avait été complète au camp retranché. Depuis l'ouverture de la campagne, le bruit avait bien couru plus d'une fois que le maréchal de Villars avait l'œil sur Denain; mais ces rumeurs s'étaient éteintes, depuis que les Français s'étaient éloignés du côté du Cateau-Cambraisis. On a prétendu en Hollande, peu après l'évènement, que le comte d'Albemarle (1), qui commandait le poste, était encore au lit à huit heures du matin, qu'on avait dansé chez lui jusqu'à quatre heures, qu'il avait regardé le combat de sa fenêtre, en robe de chambre, etc. Ces bruits, et d'autres de ce genre, si peu rares chez des vaincus, ont été démentis comme autant de fables inventées par la malveillance ou le dépit (2). Ce fut sous les yeux du prince Eugène et avec son concours que s'organisa la résistance; il renforça les dix bataillons d'Albemarle, de sept autres bataillons postés dans le retranchement de Thiant, ramena de ce côté la cavalerie, inutile pour la défense du camp, et rangea l'infanterie le long des parapets, sur une seule ligne, car ses troupes suffisaient à peine à en garnir le pourtour, et l'orage s'annonçait de tous les côtés à la fois.

Les masses françaises s'accumulaient en face. La cavalerie d'avant-garde s'était portée vers les lignes de communication

(1) Ce général n'était pas le fils du célèbre Monk, comme il a été dit par erreur.

« Arnold Joots Van Keppel, lord de Voorst accompagna Guillaume en 1688, et fut créé (1693-96) baron d'Ashford (comté de Kent), vicomte de Bury, et duc d'Albemarle (ville et territoire du duché de Normandie). — Plus tard il eut l'ordre de la Jarretière. — Il mourut le 30 mai 1718, et fut remplacé par son fils unique. » — Note extraite de l'ouvrage intitulé: « Burke's, Peerage and Barrontye, 1829, v° Albemarle. — Voir aussi Moreri, Amsterdam, 1740.
La seigneurie d'Albemarle, avait été précédemment, en 1660, conférée par Charles II, à Georges Monk; celui-ci mourut en 1688. — Voir Moreri loc. cit.

(2) Rousset, t. 3, pages 306 et suivantes. Consulter surtout, à cet égard, le Recueil de lettres et mémoires, cité plus haut.

avec Marchiennes, les avait trouvées sans défense, avait
franchi la première levée de terrain, et pénétré sans plus
d'embarras dans le « Grand chemin de Paris. » Là, elle
avait fait la rencontre d'un grand convoi de subsistances,
escorté de 1,000 hommes, et capturé le tout.

Midi approchait. (1) Déjà on pouvait apercevoir du côté
de Quérénaing les têtes de colonnes des alliés, en marche
forcée sur Denain. Il n'y avait plus un moment à perdre.
Sans attendre le reste de ses troupes, qui n'avaient pas
encore passé l'Escaut, ou la garnison de Valenciennes qui
tardait à paraître, Villars donna l'ordre d'attaquer. D'Al-
bergotti lui ayant proposé de faire des fascines pour com-
bler les fossés : « Croyez-vous donc, lui dit le maréchal,
» que ces messieurs nous donnent le temps ? Les fascines
» seront les corps des premiers de nos gens qui tomberont
» dans le fossé » (2). Plusieurs colonnes de trois bataillons
chacune, rangées en demi-cercle autour du camp, les
grenadiers et les piquiers en tête, attendaient le signal de
l'assaut.

Jusque-là, comme pour se faire illusion à lui-même, le
prince Eugène s'était parfois laissé aller à l'espoir que
l'ennemi n'oserait attaquer, et que ses troupes auraient le
temps d'arriver. Mais lorsqu'il vit les soldats français s'age-
nouiller, comme les suisses à Morat, pour la prière avant
le combat : « Voilà une mauvaise affaire, s'écria-t-il, et
» le pire, c'est que je ne saurais y remedier ! » (3).

(1) Consulter la version de Montesquiou, page 540 des *Mémoires militaires*.

(2) Mémoires de Villars, t. 2, p. 375.

(3) *Souvenirs de la Flandre-Wallonne*, t. XV. Correspondance de M. Le
Febvre d'Orval, conseiller au parlement de Flandre, avec MM. de Chamillart et Voisin ministres de la guerre, de 1706 à 1712. Manuscrit de la bibliothèque publique de Boulogne, publié, avec une introduction, par M. A.
Preux, ancien Procureur général.

Les colonnes s'étaient ébranlées de toutes parts, et marchaient en avant, sans tirer un coup de feu, le fusil sur l'épaule. Le canon commença à tonner des deux côtés. Lorsque les nôtres furent à cinquante pas des retranchements, il en partit un feu très vif, qui n'apporta aucun désordre dans les rangs. A vingt pas, le feu redoubla, deux seuls bataillons firent un coude ; le reste continua, descendit dans le fossé, gravit le retranchement et fit main basse sur l'ennemi (1).

Pour comprendre la rapidité de l'escalade, il faut se rappeler qu'il ne s'agit pas ici de murs revêtus d'une escarpe en maçonnerie, mais de simples retranchements en terre, sujets à s'ébouler, et permettant aux assaillants de se hisser les uns sur les autres, jusqu'au haut du parapet. Ainsi l'un des officiers du régiment Allemand de Welderen, raconte avoir vu de ses yeux un commandant français gravir à cheval le *terre-plein* derrière lequel était posté le régiment (2).

La confusion se mit dans les rangs des défenseurs. Vainement d'Albemarle essaya-t-il de les rallier, et de tenir

Dans son étude sur Denain, insérée dans les *Mémoires de la Société d'émulation de Cambrai*, t. XXXIIIe, 2e partie, M. Blin exprime des doutes sur l'exactitude de la Flandre-Wallonne, « car, dit-il, de la redoute où était le » prince, il ne pouvait apercevoir les Français, le parc très boisé du château » de Denain rendant la chose impossible. » — Cependant on lit dans Rousset, t. 2, 2e partie, page 325, que « le prince Eugène se trouva jusques à la » fin de l'action de l'autre côté de l'Escaut sur la redoute (H) dans le retran- » chement qui couvrait la tête du pont, *d'où il pouvait tout voir.* » — Même indication aussi précise, dans la légende du plan joint au recueil de documents déjà cité. — Nous ne saurions nous arrêter à l'objection tirée de ce que les arbres devaient masquer la vue, car on ne saurait affirmer que les plantations d'arbres fussent en 1712 dans le même état que de nos jours.

(1) Mémoires de Villars, t. 2, p. 375.

(2) Recueil de lettres et mémoires... p. 39.

dans le village de Denain. Non soutenu par ses troupes, il fut pris avec d'autres officiers. Dès lors, le combat se changea, pour ses bataillons, en une complète déroute ; les hommes se précipitaient à l'envi vers le pont établi sur l'Escaut, se culbutaient et se noyaient dans la rivière. Au moment où apparaissaient les premiers détachements, accourus de la grande armée, le pont se rompit sous la masse des bagages et des fuyards ; tout ce qui restait sur la rive gauche fut tué ou pris.

Eugène assistait, le désespoir dans l'âme, à ce désastre d'une partie de son armée. Dès qu'il put disposer de quelques colonnes, il les dirigea en toute hâte du côté du pont de Prouvy, à peu de distance de là. Mais la garnison de Valenciennes s'y était avancée et faisait bonne garde. Le pont demeura infranchissable pour l'ennemi, qui y perdit encore du monde. Les députés des Etats-Généraux exigèrent du prince Eugène qu'il donnât l'ordre de la retraite.

Nos pertes ne furent pas trop considérables, eu égard aux résultats obtenus : Sept généraux, 200 officiers, 2,800 soldats étaient prisonniers. Villars envoya plus de 60 drapeaux à Versailles, dont les murs en deuil, dit M. H. Martin, avaient perdu l'habitude de ces glorieuses tentures (1).

Mais cela était peu encore à côté des suites inévitables de la victoire. Marchiennes, investi aussitôt, capitulait six jours après ; St-Amand, Mortagne, tous les postes sur la Scarpe tombèrent successivement, et il ne resta plus au prince Eugène qu'à abandonner le siège de Landrecies. En vain essaya-t-il de troubler celui de Douai, entrepris peu après par Villars ; parvenu à Pont à Raches, il s'arrêta devant la force de nos lignes, et le 8 septembre la place rentrait sous la domination française.

(1) H. Martin, t. 17 (Paris 1851—Nouvelle édition)—p. 69.

Cette victoire, et ses conséquences militaires et politiques, occupent une place importante dans nos annales ; à ce titre, Messieurs, vous me permettrez d'appeler encore votre attention sur un point qui n'est pas sans intérêt pour notre histoire locale.

A qui revient le principal mérite de la marche sur Denain ? Est-ce à Villars, est-ce à Montesquiou ? Les détracteurs du premier, — et il en avait beaucoup, que sa hauteur ne ménageait guère, — ne manquèrent pas de mettre en relief, à la cour de Versailles, toute la part que Montesquiou prétendait soit à la conception, soit à l'exécution du plan (1).

Mais plus tard, l'opinion se répandit que l'idée première d'une attaque sur Denain devait être attribuée à un conseiller au Parlement de Flandre (2). Voltaire s'en est fait l'écho dans son siècle de Louis XIV, chap. 23. Avant lui, le chevalier de Folard, dans ses curieux et singuliers commentaires sur Polybe, avait donné le premier, vers 1727, le nom de ce conseiller. « Je l'ai appris, dit-il, de M. Voysin,
» ministre et secrétaire d'Etat pour la guerre, dont je fus
» fort étonné, puisque l'auteur de l'entreprise n'est pas du
» métier. C'est le président Le Febvre d'Orval, alors con-
» seiller au Parlement de Cambrai. Il envoya son plan à la
» cour, où il fut goûté.

» Qui que ce soit ne l'ignore, hors nos écrivains qui rien

(1) *Mémoires militaires.*— Voir. p. 449, lettre du Roi à Montesquiou du 27 juillet, page 506. Lettre de Villars à Voysin du 29 juillet, pages 507-508. Lettre de Montesquiou à Voysin des 29 juillet et 5 août. —Voir page 540, la version détaillée de Montesquiou. — Voir aussi la communication faite par M. Ch. Giraud à l'académie des sciences morales et politiques. Séance du 1er février 1879. (Journal officiel du 6 février 1879).

(2) Le Parlement de Flandre, après la prise de Tournay avait été transféré à Cambrai. Plus tard, il fut fixé à Douai.

» ont eu aucune nouvelle. Le maréchal de Villars, habile
» et éclairé comme il est, en sentit toute l'importance; sem-
» blable à ce fameux Romain qui vainquit Persée, il sçut
» profiter d'un projet fondé uniquement sur la situation
» du païs : car sans le secours de ceux qui en sont et qui en
» connaissent tous les détours et les endroits qui peuvent
» servir à la ruse et à l'artifice, disait le grand Gustave, le
» plus grand capitaine du monde n'exécuterait jamais rien
» de fort éclatant... etc. » (1). Cette affirmation du chevalier de Folard ne manque pas de gravité, car, alors qu'elle
se produisait avec la publicité d'un livre, le maréchal de
Villars vivait encore.

Plusieurs circonstances sembleraient de nature à confir-
mer cette assertion.

Ainsi, M. Le Febvre d'Orval fut nommé peu de temps
après, premier président du Conseil de Hainaut et de
Valenciennes, siége érigé en titre d'office et de survivance,
et ce, dit l'acte de nomination, attendu qu'il ne pouvait
être fait « un meilleur choix que de notre ami et féal le
» sieur Jean Robert Le Febvre d'Orval, notre conseiller au
» Parlement de Flandre, qui nous a rendu des services
» avec toute l'affection et la fidellité que nous pouvons en
» attendre, ainsi que le public, espérant qu'il les continuera
» avec le même zèle... etc. » (2). Lettres du 7 avril 1714.

Son frère fut nommé Procureur général près la même
juridiction, avec dispense de parenté.

Plus tard, en 1771, Louis XV anoblit le fils de ce dernier,

(1) *Histoire de Polybe,* avec le commentaire de M. de Folard. — Préface
du tome II, page 38.

(2) *Flandre Wallonne.* — loc. cit. Article de M. A. Preux.—Archives du
Parlement de Flandre. Registre aux provisions étrangères, de 1705-18,
fo 123 et suiv.

en considération des services de son oncle, « soit en contri-
» buant à la défense de Tournay, soit en donnant l'idée de
» l'importante affaire de Denain, soit.... etc. » (1).

Toutefois, en regard de ces documents et des présomp-
tions qu'on pourrait en tirer pour appuyer le récit du chevalier de Folard et de Voltaire, je dois ajouter que leur
affirmation est combattue par une autorité très-grave, le
général d'Avault, sous la direction duquel ont été rédigés,
au ministère de la guerre, les mémoires militaires sur la
guerre de la succession d'Espagne. Les archives du ministère avaient été mises à sa disposition, et il nous apprend
lui-même qu'il a eu sous les yeux la correspondance de Le
Febvre d'Orval avec Versailles ; or, dans son appréciation,
les idées exprimées par ce dernier, quant à l'opportunité
d'un mouvement général sur l'Escaut et la Scarpe, ne con-
tiennent pas la substance ni le germe du plan de la surprise,
si heureusement exécutée le 24 juillet (2).

Pour moi, MM., s'il m'était permis de hasarder mon

(1) *Flandre Wallonne.* — loc. cit.— 1ᵉʳ Reg. aux commissiens du conseil
supérieur d'Arras, 2e série fo 492 v⁰, aux archives départementales à Arras.
—Voir aussi Plouvain.— Notes historiques sur le Parlement de Flandre.—
art⁰ Le Febvre d'Orval.

(2) « On ne trouve dans ses lettres (de M. Le Febvre d'Orval) aucune trace
» du projet sur Denain, tel que M. de Villars l'exécuta ; on voit seulement
» dans ses lettres, fort antérieures, qu'il donna avis des dépôts immenses
» que les ennemis faisaient à Marchiennes, et des avantages qu'on retirerait
» si on s'emparait de ce poste. On voit de même que, jugeant par la position
» que les ennemis avaient prise derrière l'Écaillon, que leur projet était
» de faire le siège de Valenciennes, et non pas celui de Landrecies, il manda
» le 17 à M. Voysin, que le moyen de secourir cette place serait de ramener
» toute l'armée sur l'Escaut, et de lui faire passer cette rivière à *Neuville*
» et à *Lourches,* pour aller ensuite attaquer les retranchements que les
» ennemis avaient *entre Denain et Marchiennes,* et de porter l'armée sur
» la Ceuse d'Urtebise (ferme isolée, sur la route de Rouvignies à Valen-
» ciennes, à environ une lieue de cette ville). — Cette idée seule peut faire
» connaître que les vues de M. Le Febvre étaient fort différentes de celles
de MM. les Maréchaux.

sentiment personnel, cette controverse n'a que peu d'intérêt. Pourquoi ? Parce que, laissez-moi le répéter, l'idée d'une attaque sur Denain, et sur les communications de l'ennemi, était facile à concevoir ; peut-être plus d'une personne a-t-elle pu en revendiquer le mérite ; mais l'exécution était tout ! C'est là la gloire propre de Villars, et aussi, dans une certaine mesure, de Montesquiou.

Mais sans toucher à ces points délicats, il est juste de dire que le rôle du conseiller Le Febvre d'Orval, au milieu de ces tourmentes fut loin d'être inutile ou effacé.

Après le désastre de Ramillies en 1706, il s'était rencontré à Lille avec le ministre de la guerre Chamillart et lui avait offert son concours personnel. Ce concours fut accepté et depuis lors il correspondit directement avec le cabinet de Versailles où ses avis étaient appréciés et ses démarches encouragées. Tout ce qu'il pouvait recueillir soit par lui-même, soit par ses affidés sur les mouvements des alliés, sur leurs forces, leurs plans, était par lui immédiatement signalé. Vous avez déjà compris ce qu'un tel rôle, en présence de l'ennemi, offrait de labeurs et aussi de périls. Après la prise de Tournay dont il avait largement secondé l'honorable défense, sa liberté, sa vie même furent un instant menacées. Il n'en continua pas moins à se prodiguer, jusqu'à la conclusion de la paix.

Loin de moi la pensée de vouloir faire de ce magistrat une sorte d'homme de guerre improvisé : mais sans disputer pour lui aux généraux aucune part de leur gloire militaire, qu'il me soit permis de louer et son zèle infatigable, et son abnégation pour le pays.

En terminant, MM. laissez-moi vous soumettre une réflexion, qui s'est présentée plus d'une fois à mon esprit, pendant que je me livrais à cette étude.

Nous aussi, MM. dans des jours néfastes, qui semblent encore d'hier, nous avons vu, 160 ans plus tard, notre patrie envahie, épuisée, haletante, dans sa résistance presque sans espoir. Que de fois alors, la pensée s'est tournée vers cette année 1712, où la France, à bout de force, s'était glorieusement relevée à Denain! La providence nous a refusé cette suprême joie! Mais, MM. si les peuples ne peuvent toujours compter sur des Villars, ils peuvent, s'ils ne sont pas dégénérés, trouver toujours dans leur sein des Le Febvre d'Orval, des hommes qui, pendant des années de revers, ne désespèrent jamais, qui consacrent à leur pays leurs veilles, leur activité, leur fortune, qui exposent au besoin leur vie pour cette noble cause, et qui méritent ainsi de n'être jamais oubliés.

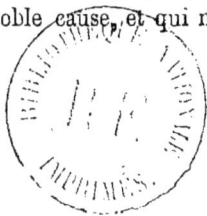

3953. — Douai, L. Crépin, imprimeur broveté.